Geschichten und Gedichte

aus der Reihe
„Perlen unserer Erinnerung"

Ist der gewählte Lebensweg immer der Richtige?
Ist der Hinweg genau so lang wie der Rückweg?
Welchen Weg sind Sie gegangen?

Carmen Sabernak (Hrsg.)

Bibliografische Information der Deutschen Nationalbibliothek:
Die Deutsche Nationalbibliothek verzeichnet diese Publikation in der Deutschen Nationalbibliografie; detaillierte bibliografische Daten sind im Internet über dnb.d.nb.de abrufbar.

Impressum
2022 © Carmen Sabernak, alle Rechte vorbehalten

Herstellung und Verlag:
BoD - Books on Demand, Norderstedt

Satz und Layout:
Nicole Mewes

Bildnachweise:
© by-studio © sonne fleckl - Fotolia.com
© Nicole Mewes, Ellen Wutschik, Evelyn Barucker, Beate

ISBN: 9783756833474

Inhalt

 Vorwort

Carmen Sabernak hatte die Idee, die Erinnerungen unterschiedlicher Menschen zu sammeln.

Erinnerungen, die wertvoll wie Perlen sind. Sie fragte in der Teltower AWO-Gruppe nach und es fanden sich schnell MitstreiterInnen.

Einmal im Monat trafen sie sich, tauschten Erinnerungen aus, lasen aus ihren Geschichten und verbrachten schöne gemeinsame Stunden. So wurde recht schnell der Entschluss gefasst, diese „Perlen unserer Erinnerungen" in kleinen Büchern aufzubewahren.

Die Geschichten sind so unterschiedlich, wie die Menschen, die sie erlebt haben. Einzelne Geschichten wurden zum Teil schon vor einigen Jahren verfasst. Deshalb finden sich teilweise auch noch Texte in der alten Rechtschreibung. Diese wurden absichtlich nicht angepasst, denn es sind Perlen aus der betreffenden Zeit.

Wir wünschen Ihnen ebenso viel Vergnügen beim Lesen, wie wir Freude hatten, das Buch zu gestalten.

Herzliche Grüße
das AutorInnenteam

Wege – Alphabet

Damit die Menschen bei allem Chaos in der Welt nicht die Orientierung verlieren, erfand man die Wegweiser. Sie zeigen die Wege in alle Himmelsrichtungen an und sind so für jedermann eine wichtige Hilfe im Leben. Die Wege haben Namen entsprechend ihrer Bedeutung, aber auch von Personen geprägte Bezeichnungen.
Hier nun ein Wege–ABC mit einer Auswahl, die jeder Leser für sich interpretieren kann:

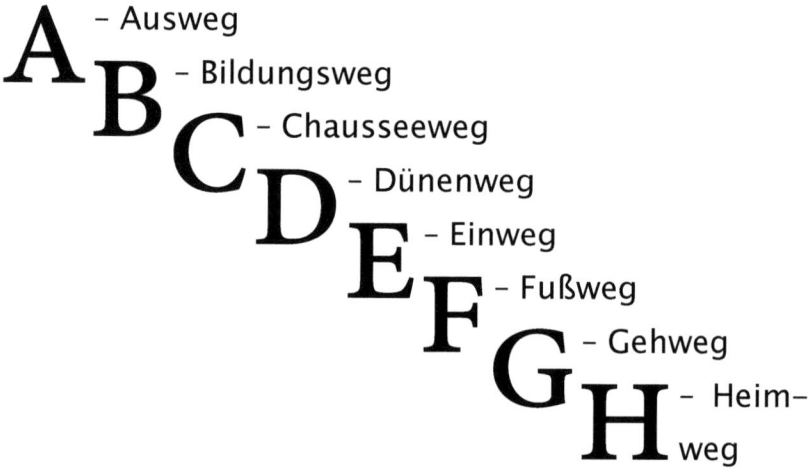

A – Ausweg
B – Bildungsweg
C – Chausseeweg
D – Dünenweg
E – Einweg
F – Fußweg
G – Gehweg
H – Heim–weg
I – Irrweg
J – Jacobsweg
K – Kreuzweg

L – Leidensweg
M – Mauerweg
N – Nachhauseweg
O – Opferweg
P – Privatweg
Q – Querweg
R – Radweg
S – Seeweg

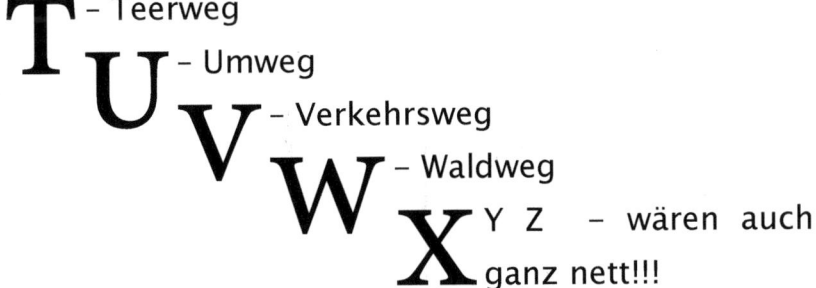

T – Teerweg
U – Umweg
V – Verkehrsweg
W – Waldweg
X Y Z – wären auch ganz nett!!!

Allen „Weg-Gefährten" viel Erfolg beim Entdecken neuer, interessanter Wege wünscht

Hannelore Wolf, Dezember 2021

Der Weg nach oben - oder doch nach unten?

Aber hallo wie soll denn das gehen? Wir hatten die Auswahl. War nicht ganz einfach.

Fangen wir mit der Geschichte am besten von vorne an. Mein Mann und ich hatten wieder einmal unseren Urlaub in der Sächsischen Schweiz gebucht. Uns faszinierte die Bergwelt und so war es nicht der erste Urlaub im Gebirge. Groß war unsere Freude, als wir als Tischnachbarn in unserer Feriengaststätte ein Ehepaar kennen lernten, die auch die Bergwelt erwandern wollten. Dazu kamen sie auch noch aus einem unserer Nachbarorte. Und so zogen wir gemeinsam los.

Wir hatten vorgeschlagen durch einen Wald in den Nachbarort zu wandern. Durch den Wald? Das können wir auch zu Hause, meinte Ursel, unsere neue Bekannte. Wir wollen einen Weg durch die Berge. Der ist auch auf der Wanderkarte eingezeichnet.

Ihrem Mann, Fritz, war es egal. Wir waren skeptisch, denn in unseren Gesprächen hatten wir erfahren, dass

Ursel und Fritz Bergwege noch nicht kannten. Nach dem Frühstück trafen wir uns dann, um den Bergweg zu erkunden. Mein Mann meinte nur: "Wenn das mal gut geht".

Ursel kam in Faltenrock, weißer Bluse mit Spitzenzier und Sandaletten. Ich sah dagegen mit meinen langen Hosen, T-Shirt und leichten Schnürschuhen regelrecht nach Arbeitswegbewältigung aus.

Die ersten zwanzig Minuten ging auch alles recht gut. Es war ein wunderschöner Bergpfad. Ursel und Fritz beschlossen spontan, auch an den nächsten Tagen zu wandern. Doch dann wurde der Weg immer steiler. Na - irgendwann muss es ja wieder abwärts gehen, denn der Ort liegt unten an der Elbe. Doch erst einmal ging es recht steil nach oben und plötzlich standen wir vor einem eineinhalb Meter hohen Felsabsatz. Der war aber, da er zwei Absätze hatte, die man als Trittfläche nutzen konnte, zu überwinden und dann ging der Weg relativ flach weiter.

Los und Hopp - die Männer standen auch gleich mal oben. Ursel sagte konsequent: „Da gehe ich nicht hoch". Unsere Männer waren gleich wieder unten, um zu beraten wie es weiter geht. Zum besseren Verständnis muss ich einfügen, dass Fritz etwa 1,82 m groß und schlank war. Ursel war nur so 1,60 m groß. Beide waren aber in etwa gleich schwer. „Na gut", sagte mein Mann, „dann gehen wir eben wieder runter".

Jetzt blickte Ursel erstmalig auch wieder einmal nach unten.

„Neiiiin – niemals". Dann müsse sie hier sitzen bleiben meinte Fritz trocken, war im Nu wieder oben. „Sieh doch mal, ist doch ganz einfach". Mein Mann schlug dann Ursel vor: „Du steigst auf die Absätze, ich schiebe dich von unten hoch und dein Mann zieht dich dann den Rest nach oben". „Neiin, ich hab doch einen Rock an und da lasse ich mich nicht hochschieben".

Bloß gut, dass mich während dieser Diskussion keiner beachtet hat, denn mir war auch nicht ganz wohl bei dem Gedanken, den Absatz hochzukommen. Musste aber, so geht mir es leider manches Mal, über die Situation lachen und das wäre jetzt bestimmt nicht gut angekommen.

Zur Strafe musste ich dann gleich mal den Aufstieg vormachen. Mut zusammengenommen, und los. War eigentlich wirklich ganz einfach. Dann tauschten die Männer ihren Standpunkt. Mein Mann nach oben und Fritz schob Ursel von unten hoch. Nach einer kurzen Pause wanderten wir weiter. Gott sei Dank war dann der Weg gut gangbar und wunderschön.

Am nächsten Morgen beim Frühstück stellte Ursel fest, dass es Urlaubshalbzeit war. Da müssten wir uns doch mal abends in einer Gaststätte zusammensetzen. Na ja – warum nicht? Nun gab es aber eine Schwierigkeit. In den Gebirgsorten schließen die Gaststätten um 19 Uhr, spätestens um 20 Uhr. Aber eine Möglichkeit gab es. Die Gaststätte auf der Bastei hatte bis 24 Uhr offen. War von Rathen, wo wir wohnten, in nur 20 Minuten auf einem Gebirgspfad zu erreichen. Der war gut gangbar, z.T. sogar mit Lampen versehen, und wir sind ihn auch schon des Öfteren gegangen.

Es gab also kein Problem Ursels Wunsch, nachdem sie ja auf der letzten Wanderung so gelitten hatte, zu erfüllen. Es war auch ein wunderschöner Abend.

Doch dann wurde er für unsere Männer und mich unvergesslich. Ursel hatte etwas zu tief ins Glas geguckt und konnte sich am nächsten Tag an unseren Heimweg nicht erinnern. Wunderte sich nur, dass ihr die Arme wehtaten. Ich habe ihn nach über 50 Jahren noch immer in Erinnerung.

Aber nun zur Sache. Als wir gegen Mitternacht die Gaststätte verließen, wurde das Außenlicht abgeschaltet. Auch das des Weges. Da standen wir nun dumm da. Wir waren ja schon oft, auch bei schlechtem Wetter im Gebirge gewesen, aber dass es so dunkel war, wussten wir auch nicht.

Die Männer nahmen Ursel, der die Promille ganz schön zu schaffen machten, in die Mitte und abwärts ging es. Ich hatte, dank meiner Eigenschaft den Alkohol in einer Gefahrensituation total auszublenden, eine besondere Aufgabe. Ich bekam die Feuerzeuge der Männer und musste den Weg suchen und anzeigen. Dass ich den trotz meiner Angst gefunden habe, wundert mich heute noch. Statt der 20 Minuten brauchten wir eineinhalb Stunden. Ehrlich – ich hätte jetzt, unten angekommen, für einen Drink jeden Preis gezahlt. Gab aber keinen. Nur im Quartier – Wasser.

Der Frühstückskaffee am nächsten Morgen war dann eine Wohltat. Das Beste aber war Ursel, die munter verkündete, dass es ja wirklich ein schöner Abend gewesen war. Sie konnte sich nur nicht erklären, warum ihr die Arme so schmerzten. Wir haben es ihr aber nicht verraten, dass sie beim Abstieg wie ein Sack zwischen unseren Männern gehangen hatte. Mein Mann sagte mir dann später, dass wir froh sein konnten, dass sie nichts von dem Heimweg mitbekommen hatte. Sie hing zwar wie ein Sack zwischen den Männern, wenn sie aber versucht hätte, selbst irgendwie den Weg hinunter zu laufen, wäre das wohl nicht gut gegangen.

Es gab dann noch ein paar wunderschöne Tage in der schönen Bergwelt und eine Super-Dampferfahrt auf der Elbe. Auf jeden Fall war es ein ereignisreicher Urlaub, den man nicht vergisst.

Mit Ursel und Fritz haben wir uns noch des Öfteren getroffen. Sie sind dann aber doch lieber an die See gefahren. Wir sind dem Gebirge treu geblieben, was meinen Mann nicht verwunderte, denn er hatte es schon lange gemerkt, dass ich nicht so richtig schwimmen konnte.

Eva Maria Kluck, Januar 2022

ege

A uf vielen Wegen
können wir uns begegnen.
Auf Umwegen und Abwegen,
auf Irrwegen und Schleichwegen.
Wir suchen Auswege und Hilfswege,
Hinwege und Rückwege.

Hauptsache ist: Wir befinden uns
nicht auf dem „Holzweg",
auf „Krummen Wegen",
auf dem Weg ins Ungewisse,
ins Jenseits oder Nirgendwo!

Gela, 21.10.2021

Ein wechselhafter Weg

Einige Jahre nach dem Tod meines Vatis zog meine Mutti im Sommer 1993 in unsere unmittelbare Nähe. Zum Einzug in ihre sonnige Wohnung schenkte ich ihr einen dekorativen kletternden Philodendron.
Meine Mutti sprach mit ihren Blumen und alle wurden optimal gepflegt. Nach kurzer Zeit war es ein Pracht-stück. Der tolle Wuchs hatte zur Folge, dass die un-teren Triebe erdrückt wurden oder wegen des Licht-mangels abstarben. Warum auch immer, jedenfalls vertrockneten die inneren Triebe und einige Blätter wurden gelb. Mit viel Geduld mussten die trockenen Ranken regelrecht ausgefädelt werden.

Wenn man in das Wohnzimmer kam, fiel jedem als erstes die schöne Pflanze auf. Sie war bis zum Jahr 2007, in dem meine Mutti leider verstarb, ein fester Bestandteil des Wohnzimmers und der erste Ein-druck.

So war es selbstverständlich, dass der Blumentopf den Weg zu mir fand. Wegen der Größe und der schlechten Lichtverhältnisse konnte ich ihn jedoch nicht in mein Wohnzimmer stellen. Ich durfte mein

Erbstück aber mit an meinen Arbeitsplatz nehmen, wo der Anblick auch meine Kollegen erfreute.

Auch dort herrschten ideale Bedingungen und so mussten manchmal erneut zahlreiche vertrocknete Triebe entfernt werden. Das geschah in aller Ruhe nach Dienstschluss, wodurch ich in Gedanken bei meiner Mutti weilte.

Nach einem 14-tägigen Urlaub und der mangelhaften Pflege durch meine Vertretung war der Philodendron eigentlich schon dem Tode geweiht. Ein normaler Blumentopf hätte den Weg in den Mülleimer genommen, aber nicht diese besondere Pflanze. Mit viel Geduld habe ich ihn wieder aufgepäppelt.

Sieben Jahre später verließ ich den Betrieb, um das Rentnerleben zu genießen, und der Topf musste nun doch mit in mein dunkles Wohnzimmer. Das nahm er mit sehr übel und verlor einen großen Teil seiner Blätter. Ich gab aber nicht auf und reduzierte ihn auf die wenigen verbliebenen grünen Triebe, die sich dann nach und nach an die Dunkelheit gewöhnten. Ab und zu protestieren sie gegen den Lichtmangel mit gelben Blättern, aber ich verjünge ihn dann immer wieder.

In einem Blumengeschäft würde der Philodendron sicher keinen Fan finden, aber für mich ist es eine lebendige und bleibende Erinnerung an meine Mutti.

Evelyn Barucker, 2022

Sprichwörtlich!

Viele Wege führen nach Rom,
viele auch nach Usedom!

Gela, 14.11.2021

Neue Pfade

Wir sind immer auf der Suche nach etwas Neuem.
Wir verlassen Wege, die wir kennen
und suchen andere Pfade:
Suche den besten aus!

Gela, März 2022

Lebenswege -
Brücke der Entscheidung

Meine erste Tochter wurde 1958 geboren. Es war eine sehr unruhige Zeit. Ich bin ja erst 1956 nach Potsdam gezogen und wir hatten hier eine kleine Wohnung, aber ich hatte keine Arbeit. So war auch oft "Schmalhans" Küchenmeister bei uns.

Zu allem Unglück brach sich meine Tochter auch noch ihr Beinchen und ich musste sie aus der Krippe heraus nehmen.

Wieder keine Arbeit.

Eines Tages habe ich mich mit meiner Freundin in Berlin-Wannsee getroffen. Sie hatte gerade einen Kosmetik-Salon eröffnet und ihr Mann war auch immer als Vertreter unterwegs.

Wir haben viel geplaudert und nach einiger Zeit schlug sie mir etwas vor: Ich hätte doch jetzt Zeit und sie würde sich freuen, wenn ich auf ihr Haus und ihre Kinder aufpassen könnte, wenn sie nicht da ist. Ich könnte auch mein Kind mitnehmen und sollte vielleicht kleinere Arbeiten im Haus übernehmen.

Das hörte sich gut an und so fuhr ich drei Mal in der Woche mit meiner kleinen Tochter nach Wannsee.

Wir hatten Essen und Trinken im Haus und ich bekam ein bisschen Geld. Das haben wir dann für Bananen und andere Leckereien ausgegeben.

Aber dann wendete sich das Blatt und es kam alles anders.

Da wir ja immer mit der S-Bahn fahren mussten, habe ich nicht bemerkt, dass ich verfolgt wurde. Es kam, wie es zu dieser Zeit kommen musste. Als ich auf dem Heimweg war, wurde ich auf dem Babelsberger S-Bahnhof angehalten und bin zur Vernehmung auf das Polizeirevier gebracht worden. Ich wurde verhört und man glaubte mir nicht, dass es sich um eine Freundin handeln würde, die ich ständig besuche.

Derjenige, der mich verfolgte, war ein Nachbar aus unserer Gegend, ein ABV (Abschnittsbevollmächtigter) und ein mieser, versoffener Charakter, der alle Nachbarn terrorisierte mit seiner Übereifrigkeit. Ständig versuchte er die Menschen zu gängeln, schwärzte sie auf deren Arbeitsstellen an oder drohte damit.

Es gab eine Gerichtsverhandlung und man wollte mich aus unserer kleinen Wohnung herauswerfen. Das war meine Strafe, man wollte unsere kleine Familie in irgendein kleines Dorf umsiedeln.

Aber der Plan, uns aufs Dorf zu verbannen, ging nicht auf. Eine Amnestie rette mich davor.

Später hätte ich auch mit meiner Familie „abhauen" können. Wir standen schon auf der „Glienicker Brücke". Was sollte man tun? Was ist richtig? Würden wir „drüben" Fuß fassen?

Wir sind wieder umgekehrt, trotz aller Widrigkeiten, die es geben würde. Unsere Familien waren doch hier in der DDR. Es wäre eine sehr lange Zeit der Trennung gewesen, man wusste ja nicht, ob und wann man sich wiedersehen dürfte.

Das war einer der schwersten Entscheidungswege in meinem Leben. Und diese Entscheidung fiel ausgerechnet auf der später als „Agentenbrücke" weltberühmt gewordenen „Glienicker Brücke".

Damals habe ich dann immer zu mir gesagt, derjenige, der mich damals beim MfS „angeschmiert" hat, der wird irgendwann auch seine Strafe bekommen. Niemand kommt ungestraft davon.

Ich fand dann auch bald wieder Arbeit und wir bauten uns ein gutes und schönes Leben auf. Unsere Kinder studierten oder lernten einen Beruf, jeder hatte Arbeit und irgendwie war alles gut.

Hanna, Dezember 2021

Der lange Weg zurück

Es ist nicht nur ein langer Weg, es ist auch eine lange Geschichte.

Eine Geschichte aus einer Zeit die vor über hundert Jahren begann und über die, die Beteiligten Jahrzehnte lang sehr schweigsam waren.

Im fernen Polen, damals Pommern, erblickte 1902 meine Schwiegermutter in dem kleinen Ort Muscherin, in der Nähe von Stargard, das Licht der Welt. Ihre Mutter war Waldarbeiterin auf dem dortigen Rittergut. Das war keine leichte Arbeit.

Die Gutsherrin war schon recht modern eingestellt. Der Lohn wurde monatlich ausgezahlt. Von diesem wurde ein kleiner Betrag einbehalten, wofür die Gutsarbeiter bei Krankheit unentgeltlich ärztliche Hilfe bekamen. Als Sachleistung durften sie sich ein Schwein halten, das unentgeltlich vom dem im Gut angestellten Fleischer geschlachtet wurde. Da die so gehaltenen Schweine nicht besonders schwer waren, tauschte der Fleischer solidarisch mit den Arbeitern selbiges mit einem Schwein des Gutes, das schwerer war, aus. Was für uns in der heutigen Zeit unverständlich ist, die Leute waren zufrieden und hatten sich ein kleines Glück geschaffen.

Der erste Weltkrieg zog mit allen Folgen auch dort vorüber. Für die Menschen in den Städten, wo es kaum Verdienstmöglichkeiten gab, war nun das sogenannte Landleben etwas Erstrebenswertes. So zog es viele junge Männer, die in der Stadt keine Arbeit bekamen, auf das Land.

Das kleine Mädchen von 1902, meine spätere Schwiegermutter, war inzwischen eine hübsche junge Frau, und so war es nicht verwunderlich, dass sich ein junger Mann, damals in Teltow beheimatet, in sie verliebte und sie heiratete.

Die Waldarbeit war für ihn aber nicht so das richtige und so zogen sie in seine Heimat nach Teltow. Da sie beide sehr fleißig waren, konnten sie sich ein Grundstück im Nachbarort kaufen und ein kleines Haus bauen. 1932 wurde die Familie mit einem kleinen Jungen, nennen wir ihn einfach Paul, komplett. Doch nun wurde es in Deutschland sehr ungemütlich.

Die Nationalsozialisten kamen mit ihrem Anführer

Hitler an die Macht. Es begann ein zweiter Weltkrieg mit Schrecken in Sichtweite und so entschieden sich viele Familien ihre Kinder zu Verwandten auf's Land zu schicken, denn dort war auch schon der erste Weltkrieg weniger schwer abgelaufen als in den Städten und ihrem Umland.

Auch der kleine Paul kam nun zu Oma nach Pommern. Seine Mutter erzählte einmal, wegen der Bombenangriffe. Allerdings fehlt mir daran der Glaube, denn ich habe Bilder gefunden, die Paulchen mit Oma im Wald zeigten. Er reichte Oma die zu pflanzenden kleinen Bäume und sagte dazu, dass dies die erste Arbeit seines Lebens war...

Auf dem Bild war er aber erst vielleicht fünf Jahre alt. Da gab es noch keine Luftangriffe. In der Berliner Gegend gab es allerdings sehr viele Unruhen mit den erstarkenden Nazis. So soll sein Vater, als kommunistischer Arbeiter, oft an Auseinandersetzungen mit ihnen beteiligt gewesen sein. Währenddessen sich seine Frau von einem schmucken SA-Mann trösten ließ. Die Ehe wurde dann auch geschieden.

Paul blieb von diesem Geschehen, da er in Muscherin war, verschont. Liebevoll von Oma und Opa betreut. Allerdings wurden seine Aufgaben im Laufe der Jahre immer größer. Der Krieg hatte mit allen seinen Schrecken auch Pommern nicht verschont.

Omas Sohn, Pauls Onkel, wurde zum Kriegsdienst eingezogen. Er ließ sein Leben, wie es so schön hieß, für Volk und Vaterland. Auch das Gut wurde in Mitleidenschaft gezogen. Die Knechte wurden zum Wehrdienst eingezogen und so mussten die Jugendlichen deren Arbeit übernehmen. Paul, noch ein Kind, musste den Kutscher ersetzen, worauf er sehr stolz war. Doch dann kam das Schlimmste.

Auch aus Pommern wurden die Deutschen vertrieben und mussten ihre Heimat verlassen. In Muscherin wurde die Flucht vor den anrückenden sowjetischen Truppen von der Gutsherrin organisiert. Immer noch in der Hoffnung, dass man nach den Kriegshandlungen zurückkehren könnte. Das erwies sich leider als Trugschluss.

Mit Pferdegespannen, einem Traktor und den Handwagen der Arbeiter ging der Treck in das noch nicht umkämpfte deutsche Gebiet.

Es war ein entsetzlicher Marsch. Immer wieder wurden die fliehenden Menschen von Tieffliegern angegriffen und beschossen. Erst konnten von dem

Traktor noch manche Wagen, von denen die Pferde erschossen waren, mitgezogen werden. Doch irgendwann war der mitgeführte Kraftstoff alle. Für die Arbeiter mit ihren Handwagen ging es nur noch zu Fuß weiter. Man darf dabei nicht vergessen, dass es Winter war. So kam es dann einmal, dass ein Stall, der als Nachtquartier Oma, Opa und Paul zugewiesen wurde, so voll Ungeziefer war, dass sie nicht darin schlafen konnten. Sie wickelten sich zusammen in ihre Decken und schliefen unter dem umgekippten Handwagen im Freien. Am nächsten Tag ging es dann weiter. Zu Fuß. Einfach unvorstellbar.

So verkehrte sich, was als Schutz für Paul gedacht war, leider ins Gegenteil. Der Weg zurück in seine Heimat, dem Umland von Berlin, ist in seiner Härte für uns einfach nicht mehr vorstellbar.

Irgendwann war er dann zu Ende und Paul kam zurück zu seinen Eltern. Die Familie war zwar zerbrochen, aber es war doch die Heimat. Oma, Opa und Paul konnten in einen kleinen Teil des Hauses einziehen. Das war mehr schlecht als recht, aber immerhin ein Dach über den Kopf und sie wurden nicht wie die ansonsten ungeliebten Flüchtlinge behandelt, sondern als heimgekehrte Familienmitglieder.

Es steht aber fest, der Weg zurück von Pommern bis in das Berliner Umland war nicht nur weit, er war durch die Schrecken, aber auch durch den Zusammenhalt der Flüchtenden, prägend für die Menschen und hat ihren weiteren Lebensweg entscheidend beeinflusst.

Lange habe ich überlegt, ob ich diese Geschichte schreibe. Geboren in Berlin, habe ich zwar auch als Kind das Ende des zweiten Weltkrieges mit den nächtlichen Bombenangriffen und die Besetzung durch die sowjetischen Truppen erlebt. Habe die Not, der aus Ostpreußen und Schlesien kommenden Flüchtlinge, erlebt. Aber im Schutz meiner Familie.
Ein großer Garten als Lebensgrundlage sorgte dafür, dass wir keinen Hunger litten und meine Eltern sogar manchem Flüchtling helfen konnten. So verlief mein Lebensweg in einer gewissen Normalität.

Jetzt im Alter musste ich feststellen, dass es einen großen Fehler gab. Auch meine Eltern waren schweigsam. Sie haben zwar geholfen, aber nie darüber gesprochen. Den Flüchtlingen selbst war auch kein Wort über das Unheil zu entlocken. Durch das große Schweigen ist aber viel Unverständnis bestehen geblieben.

So habe ich mich dann entschieden, die aus vielen kleinen Aussagen bestehende Kenntnis doch noch niederzuschreiben, damit das von vielen Menschen Erlebte nicht vergessen wird.

Eva Maria Kluck, Januar 2022

Unterwegs

Wir alle sind unterwegs auf vielen, vielen Wegen. So verschieden und vielfältig, wie die Menschen selbst, sind ihre Lebenswege. Schicksalshaft gehen wir sie, weil wir es so wollen oder müssen.

Ich möchte Ihnen erzählen vom Unterwegssein auf dem Jakobsweg mit dem Ziel Santiago de Compostela in Spanien.
Im September 2016 fand sich eine Seniorenpilgergruppe zusammen. 35 Teilnehmer „65+" hatten sich gemeldet und dieser Tatsache angepasst wurde das Programm zusammengestellt. Ich würde es als die Luxusvariante einer Pilgerreise oder Wallfahrt bezeichnen.

Nach 4 Stunden Flugzeit kamen wir in Porto in Portugal an. Dort erwartete uns ein schöner Bus samt deutschsprachigem Fahrer. Das Gepäck wurde verstaut, nur den Pilgerrucksack mit Wasser behielt jeder am Mann.

Auch die Kleidung für den Fußmarsch hatten wir zum Teil seit dem Morgengrauen an, das heißt Wanderschuhe, Weste, dünne Jacke mit Kapuze, Hut, Sonnenbrille und Wanderstock. So war es uns empfohlen worden. Der Bus startete nun in Richtung Norden zur spanischen Grenze. Das alles war bereits Teil unserer Pilgerung zum Grab des Hl. Jacobus. Den schönen, bequemen Teil der Reise, entlang der Atlantikküste genossen wir alle und es gibt wunderbare Fotos davon. Es war ein fast heißer Tag im September. Von der Grenze zu Spanien spürten wir nichts. Wie schön, wir sind in Europa! Unserem Ziel Santiago de Compostela waren wir bald schon sehr nah. Nur noch 20 km und es hieß „aussteigen".

Die folgenden Stunden sollten das Herz dieses Weges werden. Ich kann nicht sagen, dass ich den Jakobsweg gegangen bin, aber ich war auf ihm mit anderen Menschen unterwegs.

Es ist wohl auch nicht so wichtig wie viele Kilometer und Tage man diesem Ziel entgegen läuft. Das Ankommen ist erhebend und schön. Man ist k.o., erschöpft, aber die Endorphine siegen. - Doch zurück zu Kilometer 1! Nochmal gewisse Örtlichkeiten aufsuchen, Wasser tanken, Hut und Sonnenbrille auf, den Wanderstock in die Hand ... .

Unser Lauftempo war moderat, die Wege oft steinig. Es ging leicht bergauf und bergab. Der Weg führte uns durch kleine Dörfchen, die „Siesta" machten. Ab und zu brachten freundliche Spanier Weintrauben aus eigener Ernte oder zeigten uns Brunnen mit Trinkwasser. Sie waren es gewohnt Pilger zu treffen, die auf der portugiesisch, spanischen Route unterwegs waren. Niemand wurde zurückgelassen oder ging verloren. Eine Dame, die doch Probleme hatte, konnte die restlichen Kilometer im Bus zurücklegen. Dieser war immer in der Nähe, für alle Fälle.

An jeder Kreuzung und Weggabelung waren die Jakobsmuscheln aufgemalt als Zeichen: „Du bist richtig, lauf weiter deinem Ziel entgegen!" So waren wir einige Stunden in ziemlicher Hitze unterwegs, jeder für sich, zu zweit oder in kleinen oder in größeren Gruppen. Das wechselte ständig.

Ich erinnere mich an nette Gespräche mit, mir bis dahin, fast fremden Menschen. Die Erwartungen und Hoffnungen oder einfach das Laufen - alles war sehr offen und ein guter Geist lag über dieser, wenn auch kurzen, Zeit. So haben es viele empfunden. In der Abendsonne sahen wir dann schon von weitem die mächtigen Türme von St. Jacobus.

Was für ein Moment. Aus allen Richtungen kamen Pilger, genau wie wir. Und plötzlich waren wir nicht mehr die kleine Gruppe aus Deutschland. Wir waren Teil des großen Wallfahrtsgeschehens, Teil der Glocken, Teil des riesigen Weihrauchkessels, Teil der Faszination dieses Ortes.

Man mag vieles hinterfragen oder übertrieben finden, einen gewissen Zauber nimmt man mit nach Hause. Ich bin dankbar, dass ich die Miniversion dieses großen Pilgerweges erleben konnte.

Wenn ich jung wäre, würde ich sicher mehr und länger unterwegs sein, auf dem Jakobsweg.
Es ist ein Weg zu sich selbst. Uns Ältere haben vor allem die vielen jungen Leute aus aller Welt beeindruckt, die eine Seite von sich offenbarten, die man sonst so nicht sieht.

Mit dem offiziellen Pilgerstempel und der Jakobsmuschel im Gepäck hatten wir dann noch ein Highlight. Unser Bus fuhr uns nach Finisterre, dem Punkt zum „Ende der Welt". Auch hier liefen wir die letzten Kilometer zu Fuß. Wir standen auf den Felsen, unter uns der Atlantik. Vor uns nur noch das Meer, tosend und gewaltig.

Ein Brief ging noch über die Klippen. Er beinhalte-
te das Ende einer langen Berufstätigkeit. Ein schöner
Abschluss – auf zu neuen Wegen.

Dahinten irgendwo weit entfernt, Amerika.

Gedanken wie zu Zeiten von Christoph Columbus.

Buen Camino!

Margrit Prauß, Dezember 2021

Wege des Lebens

Wohin dein Lebensweg dich führt,
wirst du wohl kaum ergründen.
Das Schicksal lenkt ihn ungerührt,
in keinem Buch zu finden.

Der erste Weg in meinem Lebenslauf führte aus unserer damaligen Heimatstadt Danzig hinaus in eine ungewisse Zukunft. Der Krieg zwang uns die Richtung auf, ohne Kompass und Wanderstab. Wir wollten nur schnell fort und dem Kriegsgetöse entfliehen.

Tausende Betroffene wählten den Weg der Flucht. Der Flüchtlingsstrom wälzte sich auf vielen Umwegen durch das zerstörte Land. Nach einem schier endlosen Marsch, teilweise auf einem Pferdefuhrwerk, mit viel Glück im Waggon eines Güterzuges, erreichten sie irgendwo in der Fremde ihr Ziel.

Unsere Familie wollte zunächst mit einem Schiff, das bereits in der Danziger Bucht ankerte, den Fluchtweg antreten. Es war die „Wilhelm Gustloff", die für 1500 Passagiere Platz bot. Sie sollte 1945 mehr als 10.000 Menschen in Sicherheit bringen.

Meine Mutter schaffte es mit uns vier Kindern nicht rechtzeitig, das Schiff zu erreichen. Bei unserer Ankunft war es bereits ausgelaufen – welch ein großes Glück! Es wurde am 30. Januar 1945 von einem sowjetischen U-Boot beschossen und versenkt.
Unsere Familie landete mit viel Hilfe durch das Deutsche Rote Kreuz schließlich in Mecklenburg.

Sollten wir hier nun eine neue Heimat finden? Zu viele Flüchtlinge suchten eine bewohnbare Bleibe. Man wies uns eine Unterkunft in der Gemeindekate des Dorfes zu. Mit fünf Personen hausten wir in zwei Räumen und einer Kochstelle im Hausflur. Aber wir waren beisammen und fügten uns in das Leben der Dorfbewohner ein.

Der nächste Weg brachte unserer Familie wesentlich bessere Lebensbedingungen. Wir konnten die Dachwohnung eines Bauernhauses beziehen und uns in vier kleinen Zimmern häuslich einrichten.
In diesem Dorf besuchte ich die Grundschule bis zur achten Klasse und wurde in der alten Kreuzkirche konfirmiert.

Dann begann der Ernst des Lebens: Der Besuch einer Mittelschule zum Abschluß der zehnten Klasse.

Da diese sich weiter entfernt von unserem Wohnort befand, wurde nun ein Internat mein neues Zuhause. Zum Glück durften wir jedes Wochenende heimfahren.

Die folgende Station führte mich nach Schwerin, um eine Ausbildung zur Kindergärtnerin zu absolvieren. Wie im Märchen bewohnten die Studentinnen zwar ein Schloß, aber keine von uns lebte dort wie eine Prinzessin. Die strengen Regeln der Schule und des Internats verhinderten ein unbeschwertes Jungsein. In der Zwischenzeit zogen meine erwachsenen Geschwister nach Leipzig. Unsere Mutter verlegte ihren Wohnsitz ebenfalls in die Messestadt. So blieb ich als einziges Familienmitglied bis zum Abschluß meiner Ausbildung einsam als „Schloßgeist" zurück.

Während dieser Zeit lernte ich meinen späteren Mann kennen. Danach führte mein Weg nach Sachsen, wo ich gemeinsam mit meiner Mutter in einer Wohnung lebte.

Der Wechsel von Mecklenburg, dem Land mit der plattdeutschen Sprache, nach Sachsen mit einem ungewohnten Dialekt war schon sehr gewöhnungsbedürftig. So entstanden ungeahnte Sprachbarrieren im Alltag. Als ich zum Beispiel beim Bäcker ein Mischbrot kaufen wollte, fragte man mich nach einer halben Dreie oder Viere. Verständnislos schaute ich die Verkäuferin an, die mich schließlich über die gebräuchliche Bezeichnung ihrer Backwaren aufklärte.

In Ausübung meines Berufes betreute ich die jüngste Kindergruppe in einem Vorschulheim. Es war schon eine Herausforderung als Neuling im Berufsleben. Man übernahm für diese Kinder nicht nur die Rolle der Erzieherin, sondern ersetzte gleichzeitig die Mutter für sie. Die Gründung einer eigenen Familie mit bereits zwei Söhnen machte dringend einen Umzug erforderlich. So zogen wir berufsbedingt nach Teltow in die ersten eigenen vier Wände. Das neue Leben als junge Mutter und Hausfrau in einer fremden Stadt und ohne jegliche Verwandte fiel mir anfangs ziemlich schwer. Familiäre Veränderungen wie die Geburt meiner Tochter und andere persönliche Umstände führten dazu, daß wir mehrere Male innerhalb der Stadt umzogen.

Nun lebe ich seit 1967 in Teltow, dieser für mich nicht gerade attraktiven Stadt im Berliner Umland. Es gab manchmal Traumziele für mein Leben nach der

Berufstätigkeit. Aber die Bindungen an die Familie mit Kindern und Enkeln waren stärker.

Mein Lebensmotto:

Gern bleibe ich an einem Ort,
mich zieht's nicht in die Ferne fort.
Bau mir ein Nest, um da zu leben,
doch ist der Weg nicht immer eben!

Hannelore Wolf

Wege - Wege...

Haben sie schon mal überlegt wie viele Wege es gibt? Ich bis vor kurzem noch nicht. Da kamen wir – wir das ist eine nette Gesprächsrunde von Frauen – die sich monatlich treffen und dann die Perlen der Erinnerung aufschreiben, auf die Idee, doch mal aufzuzählen, was wir so an Wegen kannten.

Wanderwege, Radwege, Feldwege, Fußwege usw. So nach zwei Dutzend haben wir aufgehört zu zählen. Als ich später einmal alles so in Gedanken noch mal durchging, fiel mir auf, dass wir uns nur auf alle begehbaren Wege bezogen haben.

Beim Durchsehen einiger Rechnungen, fiel mir eine Begebenheit ein, die auch einen Weg aufzeigte, der leider keine Freude aufkommen ließ. Es ist viele Jahre her. Mein Sohn ging noch zur Schule. Saß den ganzen Nachmittag über seinen Hausaufgaben. Mathematik. Als er die Aufgaben bewältigt hatte, bat er mich zu prüfen, ob er richtig gerechnet hatte. Au weia! Die Zeit, als ich mit derartigen Aufgaben befasst war, ist verdammt lange her und die Zahlenreihen, die mein Junior da aufführte, sahen sehr fremd aus. Egal, er wollte ja wissen, ob das Ergebnis richtig war. Also die Aufgaben angesehen, festgestellt, dass diese eigentlich ganz einfach zu lösen waren. Mit dem viel gebrauchten Dreisatz. Er war zu meiner Schulzeit das Wichtigste gewesen und wurde uns gefühlte Jahre eingepaukt.

Mein Sohn hatte meine Zweifel bemerkt und beobachtete mich aufmerksam. Na ja - ich konnte ihm sagen, dass alle Ergebnisse richtig waren. Er meinte, dann kann ja bei der nächsten Mathearbeit nichts schiefgehen.

Das war dann aber der Fall von "Denkste". Wütend holte mich mein Sohn von meiner Dienststelle ab. Er hatte in der Arbeit eine fünf, die schlechteste Note bekommen. Hatte aber alle Ergebnisse richtig.

Nun verstanden wir beide die Welt nicht mehr. Die schriftliche Benotung der Lehrerin zeigte dann, wie es zu der schlechten Wertung gekommen ist. Ergebnisse alle richtig. Mein Sohn hatte aber nicht den von ihr gelehrten Rechenweg eingehalten. Er hatte nämlich, als ich seine Aufgaben nachgerechnet hatte, genau aufgepasst wie ich die Aufgaben löste und dabei die Einfachheit des Dreisatzes erkannt. Vor allem, dass es damit viel schneller ging, die Aufgaben zu lösen. Natürlich setzte er seine Kenntnisse auch bei der Klassenarbeit ein. So kam es zu der Benotung: Ergebnis richtig – Rechenweg falsch.

Ich legte Einspruch gegen die Beurteilung der Arbeit meines Sohnes ein. Der Einspruch wurde zwar anerkannt, Teilbewertung wäre angebracht gewesen, die Benotung jedoch nicht geändert. Da mein Sohn nun in den Streik trat und die Lehrerin wegen des ihm geschehenen Unrechts nicht mehr anerkannte, gab es jede Menge Ärger. Im Zuge dessen musste mein Sohn die Schule wechseln.

Mit dieser, leider wahren Geschichte, wurde die Anzahl unserer Wege-Aufzählung um vier Wege erweitert. Es kamen der Rechenweg und der Bildungsweg dazu. Letzterer wurde durch das gestörte Schulverhältnis nicht unerheblich gestört. Es ist aber ein Irrweg zu glauben, dass ein richtiges Ergebnis auch der Erfolgsweg ist.

Eva Maria Kluck, Dezember 2021

Der Weg ist das Ziel

Wer einen Rundwanderweg geht, eine Rundreise per Bus oder Auto unternimmt, für den ist meistens nicht Punkt B an dem man ankommt das Wichtigste, sondern der Weg hin von A nach B.

So einen Rundweg will ich beschreiben. Er ist inzwischen fast etwas wie „mein Weg", am Kanal geworden. Der Teltowkanal fließt in Teltow, wo wir wohnen, parallel zur Oderstraße. Von zu Hause aus kann ich rechts oder links lang gehen, dann jeweils über eine Brücke den Kanal überqueren, um auf der anderen Seite des Wassers zurückzulaufen. Ich drehe also eine Runde. Zu Fuß ist man so 1,5 - 2,0 Std. unterwegs, mit dem Fahrrad entsprechend kürzer.
Früher, als die Mauer noch stand, konnten wir öfter Leute auf dem westlichen Uferweg des Kanals sehen. Damals schon war alles so nah und doch für uns unerreichbar. Manchmal winkten wir einander zu. Der Teltowkanal, unsere Wasserstraße ist nutzbar für Transport- und Freizeitschiffe oder Boote. Seit wenigen Jahren gibt es eine kleine Marina - einen Stadthafen. Dieser belebt den 1906 durch Stadtrat Ernst von Stubenrauch erbauten Kanal doch wesentlich.

Mein Spaziergang führt also ein Stück auf der Telto-wer Seite des Kanals entlang, dann kreuze ich diesen über die Knesebeckbrücke und bin auf Berliner Seite. Geht man nun am Wasser entlang weiter, führt der Weg nach Kleinmachnow. Dort passiert man dann die Rammrath – Brücke und ist zurück in Teltow. „Diesen Weg am Kanal bin ich oft gegangen, Vöglein sangen Lieder ..."

Und nicht nur das – es gibt viel zu sehen und zu entdecken, wenn ich will. Man kann aber auch ganz in Gedanken und mit sich allein unterwegs sein. Zu jeder Tages und Jahreszeit ist es ein schöner Weg.

Am Vormittag geht man mit der Sonne, am Nach-mittag der Sonne entgegen, die sich nun im Was-ser spiegelt. Der Weg ist nicht ganz eben, gesäumt auf der Kanalseite durch Uferbewuchs und auf der anderen Seite sind viele Pferdekoppeln und große, alte Bäume. Einzelne Spaziergänger, Pärchen, Gas-sigeher, Radfahrer oder Jogger sind unterwegs. Die meisten von ihnen sind freundlich, grüßen oder ma-chen einander Platz. Ab und zu ergibt sich auch ein nettes, kurzes Gespräch. Die großen Bäume, die den Weg am Kanal säumen, spenden im Sommer Schat-ten. So kann, wer will, die Natur, den Blick aufs

Wasser und die Boote genießen. Viele Bänke laden dazu ein. An einigen Stellen sitzen regelmäßig Angler. Ob die Fische aber zu essen sind? – Ich weiß es nicht. Besonders schön finde ich es, wenn sich große weiße Wolkenhaufen am Himmel formieren.

Dann ergibt sich fast die Illusion von Gebirge – und das in Kombination mit dem Wasser. Ein kleiner Urlaub für die Seele. Die Natur lässt so manche Blumen und Pflanzen sprießen. Der perfekte Augenblick sieht dann so aus: Ich sitze auf der Bank mit Blick auf den Hafen, die Abendsonne glänzt im Kanal, die großen, weißen Wolken und die gelben Butterblumen runden das Bild ab, die Turmuhr von der St. Andreas Kirche schlägt 17:00 Uhr, hinter mir auf der Koppel wiehern Pferde im Gras und ein Vogel singt sein Lied im Gebüsch. Friedlich sitze ich noch eine Weile und genieße den Augenblick. Dann gehe ich weiter, bin in knapp einer Stunde wieder zu Hause.

Der Weg war mein Ziel und er war schön.

Margrit Prauß, 2022

Eine Liebesgeschichte

Es war im Januar des Jahres 1996. Ein frostiger Winter hüllte das Land in tiefen Schnee. Auf den Gewässern glänzte dickes Eis und bescherte den Kindern herrliche Winterfreuden. Auf den Straßen und Gehwegen lauerte enorme Gefahr durch Glätte, für alle Fußgänger eine unfreiwillige Rutschpartie.

In einer Kurklinik im Thüringer Land begegneten sich zu dieser Zeit zwei Kurpatienten: Karl aus Hessen und Lydia aus Brandenburg. Das neue Jahr war gerade ein paar Tage alt. Lydia hatte bereits eine Woche Kurerfahrung hinter sich. Sie traf sich in der Freizeit gern mit einer Gruppe von Patienten. Die Männer und Frauen unterschiedlichen Alters wollten gemeinsam bei Spiel und Spaß ihre „Zipperlein" vergessen. Das gelang ziemlich gut beim Rommé-Spiel, gewürzt mit lustigen Einlagen eines Spaßvogels vom Bodensee.

Der Neuankömmling aus Hessen beobachtete das Treiben der kleinen Gruppe zunächst aus der Distanz. Er wäre ja ganz gern dabei, zumal ihm die quirlige Lydia gleich ins Auge fiel. Aber wie den Anschluß finden? Der Zufall kam ihm zur Hilfe.

Lydia wollte den Stammtisch für die Kartenrunde reservieren, aber da saß schon ein Kurgast bei Kaffee und Kuchen: Karl!

Sie zögerte zunächst und hielt Ausschau nach einem anderen Tisch. Der höfliche Kurpatient sprach sie jedoch an und wollte seinen Platz räumen. Damit war Lydia jedoch nicht einverstanden Sie bot ihm einen Kompromiss an: Er könnte sich gern an der Kartenrunde beteiligen! Sein Einwand, die anderen Teilnehmer nicht ungefragt vor die neue Situation zu stellen, wurde zurückgewiesen.

So verabredete man sich zum Treffen beim Rommé-Spiel. Der stattliche und sehr höfliche Mann gefiel Lydia und hatte ihre Neugierde an seiner Person geweckt.

Diese vom Zufall bestimmte Begegnung führte zu weitreichenden Veränderungen im Leben der beiden. Karl sowie Lydia hatten die Mitte ihrer Lebensjahre bereits überschritten. Die anfängliche „Kurschatten-Liebe" entwickelte sich zu einer festen Beziehung. Die folgende Zeit brachte viele schöne und unvergessliche Erlebnisse. Sie waren so glücklich, daß das Schicksal sie zusammengeführt hatte.

Beide gingen ihrer Berufstätigkeit nach und nutzten jede Möglichkeit für ihre Zweisamkeit.

Im Jahr 2001 begann ein neuer Abschnitt im Leben von Lydia und Karl: Sie zogen zusammen in eine schöne Wohnung. Das gemeinsame Leben verlief harmonisch und stets voller Vorfreude auf die Wochenenden. Karl war dienstlich viel unterwegs, so daß die Verbindung an den Arbeitstagen nur per Telefon möglich war. Eifrig bemühte sich das Paar um ein schönes Zuhause und erfreute sich an der Neugestaltung ihres „Nestes".
So verflossen die Jahre mit allen Höhen und Tiefen des Alltagslebens.

Dann im Jahr 2014 die große Überraschung: Die Eheschließung der inzwischen zu Senioren gereiften Liebesleute! Ein Happy-End nach all den Jahren - wer hätte das gedacht! So wurde aus Lydia und Karl doch noch ein amtlich besiegeltes Ehepaar.

Der aufregendste Moment nach dem Ja-Wort war für die Braut: „Eine weiße Hochzeits-Kutsche..."
Damit schließt sich der Kreis dieser Geschichte. Möge sie noch etliche Jahre andauern.

Sie endet mit folgendem Zitat:

„Frage nicht, was das Geschick
morgen wird beschließen.
Unser ist der Augenblick –
lasst uns den genießen!"

Hannelore Wolf, Januar 2022

Spielstraße

Vor unserem Haus stand ein Verkehrsschild. Ein rundes Schild mit rotem Kreis und in der Mitte stand: Spielstraße. Das war für mich natürlich logisch, da ja auf der anderen Straßenseite ein Spielplatz war. Nicht groß, aber es war einer.

Ein Klettergerüst, die Mitte wie eine Leiter, auf halber Höhe eine Querstange und ganz oben auf der anderen Seite auch eine Querstange.
Hier konnte man wunderbar „Schweinebaumeln" machen. Es gab einen Buddelkasten und auch eine Wippe. Rechts und links vom Spielplatz waren Bänke und Tische, dazwischen eine kleine Wiese bzw. ein Stück Fläche mit Sand.

Ringsum in den Häusern wohnten Familien mit Kindern. Da war natürlich immer etwas los in unserer Spielstraße. Wir waren unterschiedlichen Alters, aber das machte nichts, mehr oder weniger.

Die größeren Kinder oder sagen wir die Jugendlichen, markierten auf der Spielstraße Felder mit Sand. Vier Quadrate, also 4 Spielfelder. Man brauchte dazu einen Ball. Das Spiel hieß „Scheißmedaille". Es wurde der Ball in der Mitte aufgetrumpft und dann durfte dieser die Erde nicht wieder berühren. Jeder in seinem Feld musste versuchen, ohne die Hände zu benutzen, den Ball aus seinem Feld rauszuhalten. Landete er doch in einem Feld, so bekam man einen Strafpunkt. Wer die meisten Strafpunkte hatte, bekam die „Scheißmedaille". Dies war natürlich nur ein Wortspiel, kein wirklicher Gegenstand.

Wir haben oft auch „Steh geh", „Meister, Meister gib uns Arbeit", „Herr Fischer, Herr Fischer wie tief ist das Wasser", Nase werfen oder auch Länderklau, Gummihopse, „Der Plumpser geht um", mit Murmeln oder „Klimpern" gespielt.
Auch haben wir mit Kreide bunte Bilder auf die Steine bei den Bänken gemalt oder sogar auf die asphaltierte Straße. Damals waren noch nicht so viele Autos

unterwegs. Auch konnte man prima auf dieser Straße mit Rollschuhen fahren.

Heute ist diese „unsere" Straße keine Spielstraße mehr, aber der kleine Spielplatz ist noch auf der anderen Straßenseite. Leider gibt es die Tische und Bänke nicht mehr, dafür aber zwei Bänke mitten auf dem Spielplatz. Es gibt neuartige Spielgeräte wie eine Federwippe für 4 Kinder, eine Stehwippe, einen beweglichen Laufbalken, eine Schaukel und den Buddelkasten mit einem weiteren Wippgerät.

Es wohnen jetzt wieder viele junge Familien hier in der Gegend und so treffen sich hier Jugendliche, Kinder oder Eltern mit Kleinkindern.
Die Jugendlichen spielen nicht auf dem Spielplatz, sie nutzen ihn für ihre Treffs. Auch sitzen ab und zu einmal Spaziergänger auf den Bänken, um sich etwas auszuruhen.
Neu ist auch, dass in dem Haus eines ehemaligen „Spielkameraden" nun die Tochter mit ihrem Mann und zwei Kinder eingezogen sind. So wird eine neue Generation „unsere" Spielstraße erobern.

Ellen Wutschik, Mai 2022

Das schwarze Jahr

Wer kennt nicht den Ausspruch: „Ein Unglück kommt selten allein?"

Die Geschichte vom schwarzen Jahr bestätigt, wieviel Wahrheit in diesen Worten steckt!

Das Paar Lydia und Karl – bekannt aus der Liebesgeschichte – trafen im Jahr 2003 einige nicht vorhersehbare Ereignisse. Diese Zeit blieb ihnen als die schwärzeste in ihren gemeinsamen Jahren in steter Erinnerung.

In der Wohnung, die sie 2001 voller Freude bezogen hatten, zeichneten sich im Herbst des Folgejahres Verfärbungen an mehreren Wandflächen ab. Man kam der Ursache zunächst nicht gleich auf die Spur. Erst ein Abrücken der Schränke im Wohnzimmer brachte es ans Licht: Die Wände wiesen einen starken schwarzen Schimmelbefall auf. Davon waren zum großen Entsetzen sogar die Rückwände einiger Schränke betroffen.

Eine Überprüfung des Schadens ergab, daß durch Wasseraustritt aus der Wärmeleitung der Fußboden bereits infiltriert war. Die daraus entstandene

Feuchtigkeit führte dann zum Schimmelbefall an den Wänden der Wohnung.

Das bedeutete für die Bewohner:
Entweder eine Trockenlegung der betroffenen Räume mit zeitweiligem Auszug oder als Alternative den Umzug in eine andere Wohnung.
Man entschied sich für die erste Variante und nahm für etwa vier Wochen den Auszug in die darunterliegende leerstehende Wohnung in Kauf.

Der vor längerer Zeit geplante Urlaub fiel damit natürlich vorübergehend „ins Wasser". Nach beendeter Trockenlegung und Renovierung sowie Rücktransport der Möbel verblieb nur eine gute Woche Zeit für die Erholung von den Strapazen.

Verspätet reisten die Urlauber nun nach Spanien in die Stadt Malaga. Die ersten Tage in der wunderbaren Umgebung in südlicher Sonne vergingen wie im Fluge. Die Reisenden unternahmen interessante Ausflüge und genossen das Flair des spanischen Festlandes.
Leider währten die Urlaubsfreuden nicht lange: Karl bekam eine schwere Entzündung des Ischiasnervs. Das bedeutete Behandlung durch einen Arzt im Hotel und Bettruhe. Vorbei war's mit den geplanten Tou-

ren und schönen Erlebnissen. So verbrachte man die Tage bis zur Abreise mehr schlecht als recht mit ein wenig Ablenkung im Hotel.

Dann kam der Tag des Heimfluges. Der spanische Arzt verpasste dem Patienten schmerzstillende Spritzen, die die Reise erleichtern sollten.

Doch es kam anders als erhofft: Aufgrund einer Bombendrohung am Zielflughafen konnten die Reisenden den Flug erst sechs Stunden später antreten – schmerzvolle, unendliche Stunden des Wartens! Völlig am Ende ihrer Kräfte kamen die so leidgeprüften Urlauber endlich daheim an.

Es folgten Wochen der Behandlung bis zur Arbeitsfähigkeit von Karl. Er nahm seine Tätigkeit wieder auf und bis zum Herbst verlief der Alltag in normalen Bahnen. Doch ein neues Unheil bahnte sich bereits unbemerkt an.

Für die Herbstferien planten Lydia und Karl einen Urlaub mit der Tochter und zwei Enkelkindern im Harz. Karl übernahm die Rolle des Transporteurs für die Hin- und Rückfahrt. Er selbst konnte nur das Wochenende gemeinsam mit den anderen genießen. Danach waren Termine für die Firma wahrzunehmen.

Doch die Pläne änderten sich schlagartig, weil ernste

Herzprobleme bei ihm auftraten.

So suchte Karl bei seiner Ankunft in Frankfurt einen Arzt auf, der ihn unverzüglich in die Uniklinik einwies. Eine Bypass-OP wurde notwendig und damit ein Klinikaufenthalt für unbestimmte Zeit.

Das war nicht nur ein großer Schock für ihn, auch die Harz-Urlauber konnten die Nachricht kaum verkraften. Die Tage bis zum Ende des Ferienaufenthaltes vergingen in banger Erwartung. Zum großen Glück kam die Nachricht des Arztes, daß der Patient die Operation gut überstanden hatte.

So reisten die vier Feriengäste aus dem Harz ohne ihren „Chef" heimwärts.

Dem Klinikaufenthalt folgte eine Anschluß-Heilbehandlung für Karl. Man brachte den – gerade so – transportfähigen Patienten auf eigenen Wunsch in die Kurklinik Bad Berka – dem Ort der folgenreichen Begegnung im Jahr 1996!

Er erholte sich langsam von den Folgen des schwierigen operativen Eingriffs. Nach der Entlassung aus der Reha-Klinik folgte eine längere Phase der Genesung daheim. Karl wollte seine Berufstätigkeit gern bis zum Eintritt in die Rente im Jahr 2005 ausüben, aber der Gesundheitszustand ließ einen vollen Einsatz nicht mehr zu.

So fiel die Entscheidung, ab 2004 in den Rentner-
stand zu treten.

Es war der richtige Weg!

Hannelore Wolf, Januar 2022

Wege

Ich ging einmal spazieren,
auf vielen krummen Wegen.
Den Umweg, den ich dann gemacht,
den hab ich mir selbst ausgedacht.

Ein Wegelagerer mich sehr erschreckt,
er hat sich im Gebüsch versteckt.
Wir sprachen kurz, es war sehr nett,
er suchte eigentlich ein Bett.

Der Schleichweg, den ich nun bezwang,
erwies sich als unbequem und lang.
Steine, Büsche, Matsch und mehr,
machten das Laufen ganz schön schwer.

Der Heimweg, den ich dann begann,
zog sich hin, mir war ganz bang.
Hier ist was faul am Wegesstück,
ich kehrte um, das war mein Glück.

Nun stand ich an der Kreuzung da,
die Gott sei Dank beschildert war.
Den richtigen Weg, den fand ich nun,
und freute mich, konnte nun ruhn.

Ellen Wutschik, Januar 2022

Mein Weg zur Familie

Als jungen Mädchen träumte ich besonders gerne bei entsprechender Musik von der Liebe, einem Partner oder davon, was man als Erwachsener alles besser machen wird. Die Vorstellung davon war jedoch mehr ein Gefühl als eine konkrete Anleitung zum Handeln.

Sackgasse – Mein Beschützer

Nachdem ich meine Ausbildung begonnen hatte, durfte ich manchmal mit einer Freundin in den „Stahnsdorfer Hof" zum Tanzen gehen. Der Tanz am Samstagabend war meist der Höhepunkt der Woche. Dieses Vergnügen war anfangs allerdings nur von kurzer Dauer, denn mein Vati stand um 21:30 Uhr mit dem Auto vor der Tür, um mich abzuholen. Neue Bekanntschaften machten wir auf Grund unseres kurzen Aufenthalts dort eher wenig, denn für die meisten ging der Abend danach erst so richtig los.

An einem dieser Abende lernte ich einen jungen Mann aus Großbeeren kennen. Attraktiv, kultiviert, vier Jahre älter als ich.
Er war der erste, der die Idee meines Vaters, mich

aus Sicherheitsgründen abzuholen, überraschenderweise großartig fand. Wir verabredeten uns für den kommenden Samstag erneut im „Stahnsdorfer Hof". Er stellte sich wenige Tage später meinen Eltern vor und versprach, mich bei gemeinsamen Unternehmungen abzuholen und pünktlich und wohlbehalten wieder nach Hause zu bringen.

Das imponierte meinen Eltern sehr und ich durfte sogar Motorradausflüge mit ihm machen. Er nahm seine Aufgabe als Aufsichtsperson sehr ernst und war viel mehr als ich darum bemüht, die Zeitvorgaben strikt einzuhalten. Wenn ich mit ihm unterwegs war, konnte ich total entspannt sein.

Ich war schüchtern, nicht besonders selbstständig und nicht gewohnt, Forderungen zu stellen. Ich genoss seine Komplimente und das Behütetsein, war auch verliebt, aber noch sehr naiv und er bedrängte mich nicht. Ich lernte sogar seine Eltern kennen. Sie waren sehr sympathisch, aber auch sehr spießig, mit einer doch altmodischen Rollenverteilung innerhalb der Familie. Die Mutter versorgte ihre zwei erwachsenen Söhne und ihren Ehemann bestens.

Das fiel mir trotz meiner Unerfahrenheit damals

schon auf. Sein Traum von einer gemeinsamen Zukunft war bei mir sehr verschwommen. Er wurde zu seinem 18-monatigen Wehrdienst eingezogen und wir konnten uns nur Briefe schreiben. Diese Briefe waren sehr ausführlich und über alle Bereiche unseres Alltags und bald eher freundschaftlicher Natur.

Sackgasse – Erwachsen werden

An einem schönen Sommertag besuchte ich mit meiner Freundin den Sonntag-Nachmittag-Tanz im „Stahnsdorfer Hof". Die Veranstaltung war mäßig besucht und nach mehreren gemeinsamen Tänzen setzte sich ein Klaus mit an unseren Tisch. Wir hatten den gleichen Musikgeschmack, unterhielten uns angeregt über Bücher, Filme und Theater. Schließlich verabredeten wir uns für den Nachmittag des kommenden Samstags an der Friedensbrücke in Kleinmachnow. Ohne Vorwarnung stand plötzlich ein Soldat vor mir und lachte mich an.

Klaus war höflich, zuvorkommend und sah sehr gut aus, aber er hatte nicht das Bedürfnis, mich dauernd behüten zu müssen. Seine Art, mich als gleichwertigen selbständigen Partner zu sehen, war auch eine Herausforderung für mich, die mir aber guttat.

Diesmal war ich richtig verliebt, mit Schmetterlingen im Bauch und allem was dazu gehört. Nach einem Jahr feierten wir Verlobung mit Gästen und goldenen Ringen und ein Jahr später, vier Tage vor meinem 19. Geburtstag, waren wir verheiratet. Mit ihm konnte ich in einer entspannten Atmosphäre, ohne ständige Verbote und den Hinweis „Was wohl die Leute dazu sagen" erwachsen werden.

Ich folgte ihm an seinen Studienort nach Leipzig, nach einem Jahr wurde unsere Tochter geboren. Nach seinem Studienabschluss ermutigte er mich ebenfalls zu studieren. Unsere Tochter profitierte davon, dass immer nur ein Elternteil einen geregelten 8-Stunden-Job hatte. Sie konnte oft „Mittagskind" sein. Wir hatten viele gemeinsame Interessen, Freunde und Eltern die auch gerne Zeit mit unserer Tochter verbrachten. Alles war gut.

Wir bewiesen jedoch die These, dass sich jeder Mensch verändert. Mein Mann spielte mit Begeisterung und viele Stunden bei Turnieren und zu Hause Schach. Dazu braucht man Ruhe und keine schwatzenden Leute um sich herum. Optimal war es, wenn wir still in einem anderen Raum unserer Wohnung waren. Ich wollte gemeinsame Urlaube, Ausflüge und

Aktivitäten. Unsere Erwartungen an die Partnerschaft entwickelten sich sehr unterschiedlich.

Nach 13 Jahren Ehe wurde unser gemeinsamer Weg leider etwas holprig, ein harmonisches Leben war nicht mehr möglich. So trennten wir uns trotz unserer 12-jährigen Tochter schweren Herzens. Wir haben uns aber auch weiterhin geachtet, nicht aus den Augen verloren und auch gegenseitig unterstützt.

Angekommen

In der Zeit der Trennung lernte ich meinen jetzigen Ehemann kennen. Er hatte auch eine Ehe hinter sich, die einige seiner Wünsche offengelassen hatte. Seine erste Bewährungsprobe war, die Akzeptanz und Zuneigung eines Teenagers zu gewinnen, denn uns gab es nur im Doppelpack. Dabei bewies er sehr viel Geduld und Ausdauer. Nach der Geburt unserer gemeinsamen Tochter kümmerte er sich rührend um „seine Große", während ich viel mit dem Baby beschäftigt war. Er ist für sie ihr „Papi" und das Wort Stiefvater gibt es in unserem Wortschatz nicht. Sie wählte ihn sogar für ihre „Brautvaterrede" bei ihrer Hochzeit aus, in die ihr Vater aber mit einbezogen wurde. Besonders witzig ist es, wenn jemand aus unserer Familie das tatsächliche Verwandtschafts-verhältnis vergisst und z. B. von einer geerbten Eigenschaft von Opa zu Enkelkind spricht. Es dauert oft eine Weile, bis jemandem der Denkfehler auffällt. Unsere einzige Enkeltochter haben wir vor 13 Jahren freudig begrüßt. Acht Monate später stockte unsere jüngere Tochter die Familie um zwei Jungs auf. Zu guter Letzt bekam unsere Enkeltochter ein Jahr später noch ein Brüderchen. Wir sind gerne Großeltern.

Nach nunmehr 40 Jahren Ehe, davon zwei Jahre gemeinsames Rentnerleben, verändert sich der Schwerpunkt der Partnerschaft wieder einmal. Jeder von uns hat sein Betätigungsfeld mit Hobbys, Sport und Ehrenamt ohne die gemeinsamen Freunde und Aktivitäten aus dem Auge zu verlieren. Leider häuft sich mit dem Alter auch die notwendige Unterstützung im Krankheitsfall. Eine liebevoll bereitete Tasse Kaffee und die gebrachte Decke können schon Sonne in den Alltag bringen.
Wir schaffen uns regelmäßig Höhepunkte und ge-nießen die Begegnungen mit unserer Familie und im Freundes- und Bekanntenkreis. Lediglich das Reisen kommt coronabedingt leider viel zu kurz.

Evelyn Barucker

Geranien

Seit mehr als 30 Jahren existieren diese Geranien, sie sind quasi noch „Ost"-Geranien.

Als ich noch bei meinen Eltern wohnte, in einem Einfamilienhaus in Babelsberg, hatte meine Mutter auf der Terrassenbrüstung, in hässlichen braunen Balkonkastenkübeln aus Plastik, diese ausschließlich roten, aufrecht wachsenden Geranien zu stehen.

Sie hegte sie nicht besonders gut, brach weder die verwelkten Blüten raus, noch bekamen sie jemals Dünger an ihre wohl sehr starken Wurzeln.

Im Herbst stellte sie sie einfach ohne irgendeine Pflege zum Überwintern in die ungenutzte und nicht beheizte Tiefgarage. So wie sie waren kamen sie dorthin, mitsamt den noch vorhandenen Blüten und ohne irgendwelchen Winterschutz. Damals gab es ja noch Winter mit anhaltenden frostigen Tagen und vor allem Nächten. Aber sie überstanden jeden Winter.

Wenn es gegen Frühling ging, nahm meine Mutter abermals die vertrockneten (ich dachte toten) Geranien, schnitt oben die inzwischen schon hellgrünen Triebe und ein Teil der Wurzeln zurecht, gab ihnen neue Erde und so platzierte sie die Dinger wieder auf die Terrassenbrüstung. Nackt wie sie am Anfang waren, sah das in den ersten Wochen immer ganz komisch aus.

So gingen die Jahre dahin immer wieder die gleiche Bepflanzung, keine anderen Blumen dazwischen, kein Männertreu, kein Weihrauchgewächs, keine anderen Pflanzen mit anderer Farbe und Blattstruktur wollte sie dazwischen haben. Ich fand es immer langweilig und wollte auf keinen Fall so einen Kasten in meiner Gartenlaube haben, aber die Zeiten ändern sich.

Nach dem Tod meiner Mutter waren wir 4 Geschwister gezwungen, das Haus meiner Eltern auszuräumen und so stellte sich die Frage, ob einer die Geranien mitnehmen wollte. Meine jüngste Schwester wohnt in Bayern, sie wollte sie nicht, mein Bruder hatte keine Möglichkeit, meine andere Schwester wollte sie auf gar keinen Fall.

Und so habe ich mich erbarmt und die 5 Kästen der roten Geranien mitgenommen. Ich pflanzte sie um, gab ihnen Erde, düngte sie regelmäßig und siehe da. Im ersten Sommer nach meiner Mutters Tod blühten sie so üppig wie nie zuvor. Mein Mann sagte: „Die zieht sie von oben in ihre Himmelsrichtung". Das fand ich schön, der Gedanke, dass ihre mehr oder weniger geliebten Geranien nun doch bei mir stehen, würde sie sicher freuen.

Inzwischen ziehe ich jedes Jahr neue Ableger, um sie zu verschenken.

Alle Liebhaber staunen über diese robuste Sorte und das leuchtende Rot.

Im Übrigen mache ich es im Herbst genau wie meine Mutti, ich lasse die Kästen ziemlich abtrocknen wenn ich merke, dass sie bald in ihr Winterquartier kommen sollen. Ich schnappe mir vor dem ersten Frost die Kübel, stelle sie so wie sie sind, mit Blüten und Blättern in den etwas feuchten aber frostfreien Keller auf den Boden und gucke sie den ganzen Winter nicht an.

An einem ersten schönen Vorfrühlingstag im Februar/März schnappe ich mir die Kästen wieder, kippe sie aus, stutze die Wurzeln um gut zwei Drittel mit einer scharfen Gartenschere, schneide oben das Vertrocknete rigoros ab, gebe ihnen neue Erde mit Hornspänen und lasse sie noch eine Weile im Keller stehen. Später, so ca. 6-8 Wochen vor Mitte Mai (oder auch früher), stelle ich sie in das helle, relativ warme Treppenhaus und dann sehe ich schon jede Woche einen beträchtlichen Zuwachs der neuen Triebe. Es gibt Jahre, da kann ich Mitte Mai meine üppig blühenden, schon ca. 30–40 cm hohen Geranien raus stellen. Jedes Jahr wenn ich sie ins Freie stelle, habe ich so eine Mischung aus Freude am Erbe und Freude an diesen so robusten alten Geranien. Im Übrigen gibt es bei mir auch keine anderen Pflanzen dazwischen, ich habe alles versucht, Weihrauch, Männertreu, Verbene.

Entweder wurden die „Nichtgeranien" verdrängt, hatten totale Läuse und das trotz Behandlung immer wieder, oder dümpelten so vor sich hin.

Die Ostgeranien scheinen sich ihrer Alleinherrschaft im Blumenkasten seit all den Jahren sicher zu sein. Und so lass' ich sie nun auch; Alleinherrschaft im Blumenkasten, schöner Sichtschutz und ganz viele positive Erinnerungen an die glückliche Zeit im Haus in Babelsberg mit vielen schönen Terrassenfesten, eingerahmt von roten Geranien.

Beate, Juni 2022

Die Autoren:

GELA (Jahrgang 1943)
Hobbies: Theatergruppe, Wandern

Eva-Maria Kluck (Jahrgang 1935)
Geboren in Berlin, von 1936 bis 1997 in Kleinmachnow gelebt, danach in Stahnsdorf.

Berufe: Maßschneiderin und Wirtschaftskauffrau. Sie war als Angestellte im Rat der Gemeinde Kleinmachnow, in der Landwirtschaftsbank in Potsdam und von 1975 bis 2000 im Gesundheitswesen (Geschäftsleitung, ab 1997 Leiterin des Seniorenbüros AVUS) in Teltow tätig.

Hobbys: Aus dem Leben schreiben: Anekdoten, bissige Leserbriefe, Glossen und Familiengeschichte, ehrenamtliche Tätigkeit in Selbsthilfegruppen.

Margrit Prauß (1947)
ist in Sachsen geboren und aufgewachsen.

Beruf: Krankenschwester, Ausbildung med. Fachschule Hubertusburg Wermsdorf.

Seit 1969 wohnt sie in Teltow, hat 2 Töchter und 4 zauberhafte Enkelkinder. Sie liebte immer schon „Deutsch" in der Schule, schrieb gerne Aufsätze, später Briefe. Gedanken, Erinnerungen und Erfahrungen aus ihrem Leben zu formulieren macht ihr viel Freude und sie gibt diese gern weiter.

Hannelore Wolf (Jahrgang 1944)
geboren in Westpreußen, nach der Flucht aus Danzig in Mecklenburg aufgewachsen, Ausbildung zur Kindergärtnerin im Schweriner Schloß. Umzug 1963 nach Leipzig, Heirat und Umzug 1967 nach Teltow.

Tätig als Kindergärtnerin, Wechsel in die GRW-Bibliothek, nach der Wende als Sachbearbeiterin im Sozialamt Teltow, seit 2009 Rentnerin.
Sie ist verheiratet, hat 3 Kinder und 4 Enkelkinder.

Hobbys: Singen im Chor, Mitglied einer Sportgruppe, Reisen und Tanzen, Verfassen von Versen zu bestimmten Anlässen sowie spontanes Schreiben kleiner Gedichte!

Ellen Wutschik (Jahrgang 1964)
Geboren in Potsdam-Babelsberg

Evelyn Barucker (1949 in Potsdam geboren)
Sie lebt seit 1953 in Kleinmachnow und seit 1971 in Teltow. Sie vermisst die ungeschriebenen Geschichten ihrer Eltern und Großeltern und möchte deshalb einige Erlebnisse für ihre Kinder und Enkelkinder erhalten.

Beate (Jahrgang 1964)
Sie lebt in Jüterbog, hat einen großartigen erwachsenen Sohn, liebt die Ostsee und die Ruhe in der Natur.

Hanna (Jahrgang 1937)
Geboren in Zehdenick kam Hanna 1956 mit ihrem Mann nach Potsdam. Hier arbeiteten und lebten sie mit ihren 2 Töchtern, und waren glücklich verheiratet, bis ihr Mann 2009 starb.

Sie unternahmen gemeinsam viele Reisen, nach 1989 auch einige in die Länder, in denen Besuche bis dahin nicht möglich waren.
Sie liebten ihren Garten und verbrachten dort viel Zeit mit ihren Enkelkindern.

Carmen Sabernak (Jahrgang 1958)
Schreibt am liebsten mit Blick auf das Meer oder auf ihrer Rosenbank im Familiengarten.

Bisher erschienen

Aus der Reihe „Perlen unserer Erinnerung" sind bereits (im BoD Verlag zum Preis von 5,00 Euro) erschienen:

„Hannas Weihnachtsengel" erschienen 2013
ISBN: 9783732280414

„Begegnungen im Leben" erschienen 2013
ISBN: 9783732280889

„Verlust und Wiederfinden" erschienen 2015
ISBN: 9783734745812

„Elli" erschienen 2015
ISBN: 9783734769276

„Mein Berlin - Mitten mang und Dichte bei" erschienen 2015
ISBN: 9783738613599

„Am Wege blüht Vergissmeinnicht" erschienen 2015
ISBN: 9783738629262

„Singen und Wandern - das ist unser Leben" erschienen 2015
ISBN: 9783738659931

„Jahreswende - von Anfang bis Ende" erschienen 2016
ISBN: 9783741276798

„Sehnsucht, Glück und Bäume" erschienen 2017
ISBN: 9783848257195

„Täuscht der schöne Schein?" erschienen 2018
ISBN: 9783748111948

„Winterperlen" erschienen 2018
ISBN: 9783748101093

„Sommer-Zeit-Reise" erschienen 2019
ISBN: 9783748146964

„Geflüster bei Kerzenschein" erschienen 2019
ISBN: 9783750401877

„Meine Heimat Kleinmachnow" erschienen 2020
ISBN: 9783751930772

„Meine - Deine - unsere Schulzeit" erschienen 2020
ISBN: 9783751950497

„Durch das Jahr" erschienen 2020
ISBN: 9783752672176

„Winterzeit" erschienen 2020
ISBN: 9783752672169

„Mystische Geschichten" erschienen 2020
ISBN: 9783752672190

„Liebesbriefe" erschienen 2021
ISBN: 9783755741084

„Alte Schätze" erschienen 2021
ISBN: 9783755741275

„Gesammlte Perlen 2021" erschienen 2021
ISBN: 9783755741244